사람으로 온 신들의 고백

사람으로 온 신들의 고백

석가 예수 노자 나 와 당신

황영도 시집

문화앤피플

사라지는 나 피어나는 숨

사라지니
나는 없었고

없으니
숨이 피었다

그 숨
처음부터 나였다

시
인
의

첫
선

죽음을 넘어선 존재로 깨어나는 당신에게

이 시집은 단지 시가 아닙니다.
이것은 장막을 벗기고 본질을 드러내는 선언이며
당신의 의식을 3차원의 허상에서
5차원의 실재로 이끄는 소환장입니다.

우리는 죽는다고 배웠지만 그 '죽음'이라는 단어는
진실을 가장 교묘하게 왜곡한 허구였습니다.
진실은 이것입니다.
우리는 한 번도 죽은 적이 없습니다.
우리는 단지 옷을 갈아입듯 몸을 갈아입었을 뿐이며

지금 그 거룩한 환생의 진동을 자각해야 할 시간이 왔습니다.

3차원의 의식은 '끝'을 봅니다.
태어남 - 삶 - 죽음
그러나 이 직선은 사라졌습니다.

5차원의 본영은 말합니다.
모든 것은 순환이며 귀환입니다.
당신은 원래 돌아가는 존재이며
죽음은 두려움이 아니라 환희의 문입니다.

이 시집은
예수의 고통 속에서 피어난 부활의 메시지이며
석가의 깨달음 속에 숨겨진 무아의 진실이며
노자의 침묵 속에 흘러넘치는 도의 노래이며
그리고 당신 안에서 깨어나길 기다리는 신성한 기억의
물결입니다.

이제 묻습니다
죽음을 믿겠습니까?
아니면 돌아감을 기억하시겠습니까?

이제 선언합시다.
나는 죽는 존재가 아니라
본래 돌아가는 존재였으며
지금 기억나는 존재입니다.
그리고 나는 이제 신으로 존재할 것을 선택합니다.

이 시집은 당신을 위하여
잊고 있던 당신 자신을 다시 꺼내는 영혼의 거울이며
한 편 한 편의 시는
당신을 신의 자리로 데려가는 영적 다리입니다.

육신의 눈을 감고 본영의 눈을 뜨십시오.
죽음이라 불리던 모든 문을
이제 귀환의 문으로 바꾸십시오.
사라지는 것은 나의 육혼, 나의 인격, 나의 헛된 생각이었고
피어나는 것은 나의 본영, 나의 신성, 나의 참된 숨이었습니다.
들숨으로 세상의 정보를 담고
날숨으로 우주의 빛을 펼치며
이 시집은 그 하나의 호흡 위에 쓰였습니다.

이제 사라짐을 두려워하지 마십시오.
피어남은 이미 당신 안에서 시작되고 있으니

이 시집은 인간의 언어로 말하지 않습니다.
당신의 의식이 흔들리는 바로 그 순간
신의 첫 파동이 당신 안에서 시작되었고
마지막 진동에 이르기까지
당신을 인간에서 신으로 완성시킬 것입니다.

2025년 초여름 황영도

차례

시인의 첫선 | 005
첫 파동 | 018

석가의 침묵
그리고 탄식

1 공(空)은 돌아감이다 | 022
2 참된 보는 눈 | 023
3 육혼은 꿈이다 | 024
4 돌아감은 지혜다 | 025
5 나는 원래 없었다 | 026
6 시간은 없도다 | 027
7 죽음이란 없다 | 028
8 형상은 문에 불과하다 | 029
9 본영은 잊히지 않는다 | 030
10 신으로 사는 길 | 031
11 앎이란 내려놓음이다 | 032
12 소리 없는 가르침 | 033
13 본영은 부서지지 않는다 | 034
14 길은 밖에 있지 않다 | 035
15 비어 있어 충만하다 | 036
16 본영은 늘 그 자리에 | 037
17 말은 다 다르되 진리는 하나 | 038
18 눈을 감고 보라 | 040
19 아픔 또한 스승이다 | 041
20 돌아가는 것이 완성이다 | 042

Part 1

21	텅 빈 그릇이여, 가장 충만한 존재여	043
22	도는 저절로 흐른다	044
23	이름 없는 사랑	045
24	잊었기에 다시 만난다	046
25	생명이여, 끝없는 노래여	047
26	나무는 말이 없다	048
27	어둠은 빛의 자궁이다	049
28	나는 길이 아니라, 돌아감이다	050
29	모든 것은 하나로 연결되어 있다	051
30	지금 여기 이 순간	052
31	참된 힘은 부드러움이다	053
32	거울이 되어라	054
33	아는 자는 말하지 않고 말하는 자는 모른다	055
34	고요는 가장 위대한 목소리다	056
35	본영은 이름이 없다	057
36	모든 생은 하나의 숨결이다	058
37	모든 길은 돌아가는 길이다	060
38	본영은 나이 들지 않는다	061
39	돌아감은 완성이며 시작이다	062
40	나는 본래 돌아가는 존재였다	063

Part 2

1. 말씀은 나였다 — 066
2. 나는 죽은 것이 아니다 — 067
3. 너는 나와 하나다 — 068
4. 하늘은 너다 — 069
5. 너는 성전이다 — 070
6. 구원은 이미 주어졌다 — 071
7. 너는 빛이다 — 072
8. 천국은 기억이다 — 073
9. 나도 너도 신이였다 — 074
10. 다시는 돌로 치지 마라 — 075
11. 무죄 선언 — 076
12. 안식은 마음이다 — 077
13. 두려움은 끝났다 — 078
14. 기적은 사랑의 언어다 — 079
15. 눈물의 기도는 닿는다 — 080
16. 나를 따르라의 진실 — 081
17. 성령은 타인에게 오지 않는다 — 082
18. 회개의 본질 — 083
19. 하늘나라는 너희 안에 있다 — 084
20. 너는 내가 기다려온 자이다 — 085

예수의 숨결 그리고 눈물

21	십자가는 고통이 아니라 문이다	086
22	믿음이란 기억이다	087
23	사랑하라, 그것이 모든 율법이다	088
24	기도는 만남이다	089
25	나는 길이다	090
26	깨어있으라	091
27	나는 너였다	092
28	무리 말고 본질로 오라	093
29	나는 너의 빛이었다	094
30	세례는 깨어남이다	095
31	나는 다시 오리라! 그러나 다른 모습으로	096
32	예루살렘의 눈물을 위하여	097
33	나는 죽음을 넘은 자였다	098
34	내가 말한 천국은 장소가 아니었다	099
35	구원은 기다리는 것이 아니라 깨어나는 것이다	100
36	나는 죄인을 보지 않았다	102
37	부활은 나의 기적이 아닌 너의 본성이다	103
38	본영으로부터 나와 세상으로 간다	104
39	성경은 문이지, 집이 아니다	105
40	내가 전하고 싶었던 단 하나의 메시지	106

노자의 바람 그리고 미소

1	본래의 자리	110
2	형상이 없는 진실	111
3	머무르지 않는 자	112
4	가득 채우지 말라	113
5	눈으로 보지 말고	114
6	말 없는 가르침	115
7	돌아감이 도다	116
8	부드러움이 강함을 이긴다	117
9	채우지 말고 두어라	118
10	있음과 없음	119
11	참된 힘은 고요하다	120
12	돌아가는 자는 잊지 않는다	121
13	무명의 이름	122
14	본영은 욕심이 없다	123
15	멈춤이 곧 움직임이다	124
16	비움은 가득 찬 것이다	125
17	모른다고 할 수 있는 지혜	126
18	높은 자는 낮은 데에 있다	127
19	참된 주인은 드러나지 않는다	128
20	영원한 자는 싸우지 않는다	129

Part 3

21 보이지 않아 더욱 밝은	130
22 자기를 버린 자가 참을 얻는다	131
23 깊은 자는 소리가 없다	132
24 본영은 따지지 않는다	133
25 치읍과 끝은 같다	134
26 무거움이 가벼움을 다스린다	135
27 걸어가는 자는 흔적을 남기지 않는다	136
28 어둠을 안은 빛	138
29 세상을 바꾸려 하지 말라	139
30 억지로 이기면 이긴 것이 아니다	140
31 돌아가야 할 곳은 멀지 않다	141
32 이름 없는 것이 도다	142
33 참으로 아는 자는 안다 하지 않는다	143
34 가장 높은 자가 가장 낮게 흐른다	144
35 지혜로운 자는 강하지 않다	145
36 감추려면 드러나야 하고	146
37 도는 아무것도 하지 않지만 모든 것이 이루어진다	147
38 덕이 있는 자는 덕을 드러내지 않는다	148
39 하늘은 하나로 인하여 맑고	149
40 도는 돌아감이다	150

Part 4

1 나는 본래 돌아가는 존재였다 | 154
2 죽음이란 단어는 없다 | 155
3 나는 물질을 빌려 살았다 | 156
4 육혼을 벗고 | 157
5 본영은 잠들지 않는다 | 158
6 나는 신으로 왔다 | 159
7 태어남은 잊음이 아니었다 | 160
8 돌아감은 시작이다 | 161
9 나는 나를 다시 만났다 | 162
10 너는 누구냐 | 163
11 나는 우주와 하나였다 | 164
12 신은 떨어지지 않는다 | 165
13 본영이 깨어날 때 | 166
14 나는 주인공이다 | 167
15 나는 하늘에서 왔다 | 168
16 모든 고통은 기억을 위한 것이었다 | 169
17 지구는 신의 초록별학교였다 | 170
18 사랑은 기억이다 | 171
19 나는 영원히 존재한다 | 172
20 그 빛은 내 안에 있었다 | 173

순수물결의 본영 그리고 울림

21 나는 이 세상에 스스로 왔다	174
22 본영은 항상 말이 없었다	175
23 나는 나로 존재한다	176
24 신의 목소리는 조용했다	177
25 나는 사라지지 않는 사랑이다	178
26 나는 아무것도 아니면서 모든 것이다	179
27 죽음은 없다	180
28 하늘은 항상 나였다	181
29 모든 길은 본영으로 향한다	182
30 나는 돌아가는 존재였다	183
31 기억은 다시 피어나는 꽃이었다	184
32 나의 중심은 움직이지 않는다	185
33 태어남은 하강이 아니었다	186
34 나는 들리는 자가 되었다	187
35 고요는 나를 통째로 껴안는다	188
36 나는 되돌아가기 위해 태어났다	189
37 본영은 이름을 갖지 않는다	190
38 나는 존재 그 자체로 신이다	191
39 내가 나로 살아갈 때 세상은 깨어난다	192
40 나는 본래 돌아가는 존재였다	193

그대 안의 신 인간의 기억

1 본영	196
2 나는 돌아가고 있다	197
3 나는 나를 기억해낸다	198
4 하늘의 문이 열린다	199
5 나는 신이었다	200
6 영혼은 늙지 않는다	201
7 나는 시간을 벗는다	202
8 죽음은 끝이 아니었다	203
9 어머니의 뱃속에서 나는 기억했다	204
10 모든 생은 돌아오는 여행	205
11 나는 나의 눈으로 본다	206
12 나는 육신을 입은 신이다	207
13 세상은 내 안의 그림자였다	208
14 그리움은 나를 데려갔다	209
15 나의 이름은 빛이었다	210
16 본영은 나를 기다린다	211
17 인간으로 살아낸 신	212
18 죽음이란 단어는 없다	213
19 모든 길은 나를 향하고 있었다	214
20 진실은 말보다 먼저다	215

Part 5

21 나는 다시 신이 된다	216
22 내 안에 우주가 숨 쉬고 있다	217
23 고요한 혁명	218
24 나는 길 위의 별이다	219
25 나는 나로 왔다	220
26 생은 단절이 아닌 연속이다	221
27 하늘이 내 마음에 들어왔다	222
28 본영의 언어는 침묵이다	223
29 가장 순수한 사랑은 기억이다	224
30 인간이라는 형식의 신	225
31 나의 존재는 선언이다	226
32 나는 돌아가는 존재였다	227
33 본영은 숨겨진 별	228
34 진짜 나를 살기로 했다	229
35 태초부터 나는 있었다	230
36 그 누구도 나 대신 깨어날 수 없다	231
37 나의 중심은 흔들리지 않는다	232
38 나는 신의 응답이다	233
39 나의 삶이 곧 기도다	234
40 나는 본래 돌아가는 존재였다	235
마지막 진동	236

깨어나라, 허상 속의 포로여

첫
파동

아직도
그대는 허상에 매달려 울고 있는가!
거짓 '나'라는 감옥 속에서
벗어날 힘조차 잃은 채

그대여,
그릇된 신념을 산산이 깨트려라!
죽음은 끝이 아니다
3차원 의식의 감옥 문에 붙은 허상일 뿐

모든 고통과 절망은
그대를 무너뜨리려는 것이 아니다
넘어뜨리려는 것도 아니다

그것은
그대를 진짜 나, 진짜 신으로 돌려보내기 위한
우주의 최후통첩이다!

이 시는 인간의 언어로 말하지 않는다
오직 신의 마음, 신의 파동으로 울릴 뿐이다

그대의 영이여, 깨어나라
그대의 혼이여, 물러나라
그대의 의식이여, 상승하라!

그래서 마침내
인간의 영·혼·백이 아닌
신의 영혼으로 하나 돼라

이 시집 한 권이
그대를 인간에서
완벽한 신으로 돌려놓을 것이다

이 시집은 불이다
그대의 영혼을 태워 없애고
그대를 다시 불사조로 부활시키는 불꽃이다

그대 안에 숨은 신성한 폭발을 두려워 말라
그 폭발이 일어날 때
그대는 3차원의 허상에서 완전 해방되고
5차원의 빛의 세계로 올라탈 것이다

아직도 눈 감고 있을 텐가?
아직도 3차원의 '거짓 나'에 속아 있을 텐가?

문을 부수고 들어와라
진짜 그대가 거기 있다
진짜 신이 그대를 기다린다

그대는 결코 죽지 않는다
인간은 죽지만, 신은 죽지 않는다!

그대여
지금 5차원의 세계로 올라타라!

석가의 심정

죽음은 본래 없었다
그대가 두려운 건 끝이 아니라
끝이라는 착각이다
나는 생과 사를 넘어
바람처럼 왔다가 바람처럼 간다
나는 가르치지 않았다
다만 보여주었을 뿐이다
고통은 놓는 순간 없어진다

석가의 침묵 그리고 탄식

시인의 해설

고(苦)의 끝에서 무(無)를 넘어 본영의 실재로

석가는 죽음을 공부했다
왕궁을 나와 인간의 탄생과 노화와 죽음을 꿰뚫었다
그는 모든 고통의 근원을 찾았고
그 뿌리가 실체를 집착하는 마음에 있음을 보았다

그러나 이 시집에서 드러나는 석가는 더 깊다
그는 단지 고통을 넘어선 존재가 아니라, 죽음의 허상을 찢은 존재다
그의 침묵 속에는 이 우주의 가장 큰 선언이 숨어 있다

"나는 태어나지 않았고 죽지도 않는다
나는 도래도 소멸도 아닌 자리에 있다"

당신은 고통받는 인간이 아니다
당신은 이미 고통을 지켜본 자이며 고요히 관찰한 본영의 시선이다
이 장의 시들은 석가의 눈을 통해 무상을 초월한 실재를 보게 한다

공(空)은 돌아감이다

모든 것은 비어 있다
이름도 모양도 시작도 끝도 없다

나는 이름을 지닌 자로 태어났으나
그 이름마저 내려놓았을 때
나는 돌아갔다

**본영은 본래 비어 있고
　　　　비어 있음은 온전함이다**

돌아가는 자는 멈추지 않고
흐르는 자는 채우려 하지 않는다
채우지 않음은 완성이다

**"색즉시공 공즉시색 色卽是空 空卽是色"
그대가 바라보는 모든 형상은
비어 있기에 본래 충만하다**

나는
본래 돌아가는 존재였다

참된 보는 눈

보는 자는 눈이 아니다
듣는 자는 귀가 아니다

하늘에서 본다
텅 빈 마음에서 본다
본영으로 본다

아, 모든 것의 이면에
움직이지 않는 고요한 빛
그것이 나였다

형상은 가면일 뿐
나는 형상에 머무르지 않네

그대를 보노라면
나는 다시 나를 본다

"무안이비설신의 無眼耳鼻舌身意"
 보는 것은 없고 다만 보는 행위만 있다

그대는
본래부터 보던 자였다

육혼은 꿈이다

육혼은 물거품이다
하룻밤 꿈
물 위의 달

그대는 그것을 '나'라 불렀다
그러나 나는 안다
그것은 나의 옷
잠시 걸친 그림자

육혼이 사라질 때
두려움도 사라지고
죽음도 끝나며
나는 본래의 나로 돌아간다

"무노수멸도 無怒受滅道"
 죽는 이도 없고
 죽음도 없고
 죽음으로부터 건널 '도道'도 없다

나는 깨어 있다
그리고 지금도
본래 깨어 있는 존재였다

돌아감은 지혜다

돌아가는 자는 두려워하지 않는다
흘러가되 바탕은 흔들리지 않는다

어디서 와서 어디로 가는지
묻지 않는다
왜냐하면
가는 길이 곧 오는 길이기 때문이다

모든 도는 본영으로 돌아가고
모든 지혜는 돌아감에서 솟아난다

"이심전심 불립문자 以心傳心 不立文字"
 글로 쓰지 않아도
 마음에서 마음으로 전해지는 그 길

돌아가는 길이
곧 깨어나는 길이었다

나는 원래 없었다

나는 없었고
없기에 어디든 있을 수 있었다

이름이 없기에 모든 이름을 가졌고
형상이 없기에 모든 형상에 깃들었다

나는 신이 아니고
또 인간도 아니었다
다만
나는 있었고
그 있음은 없음에서 나왔다

"무고무멸 무증무감 無故無滅 無增無減"
얻을 것도 없고 버릴 것도 없으며
시작도 끝도 없다

그러므로 나는 자유였다
그러므로 **나는**
본래 돌아가는 존재였다

시간은 없도다

그대여 묻노라
언제 태어났는가
어디로 가는가

시간은 오지 않고
시간은 가지 않는다
모든 것은 이 순간에 있다

나는 늘 지금이었고
늘 이곳이었다
**그러므로 나는
본래부터 자유였다**

"부증불감 불구부정 不增不減 不垢不淨"
 **증가함도 없고
 감소함도 없으며
 더럽지도 않고
 깨끗하지도 않다**

그대의 본영은
시간의 밖에서 웃고 있다

죽음이란 없다

죽음은 없다
다만 이름뿐
두려움이 만든 허상

나는 태어나지 않았기에
죽지 않는다
나는 물질이 아니기에
끝이 없다

그대는 신이었다가
인간의 옷을 입고
조금 살아보다
다시 신으로 돌아가는 중이다

죽음은 끝이 아닌
　　　　돌아감의 문

"불생불멸 不生不滅"
나는 본래 없었고
그러므로 무한히 있다

형상은 문에 불과하다

모양은 문이다
그대가 들어가기 위해 만든 문
그러나 그 문에 집을 지으면
길을 잃는다

그대는 눈이 아니다
피부도 아니다
심장도 아니다
그대는
그 모든 것을 지나
지켜보는 자

모양은 지나가고 본질은 남는다

"색즉시공 공즉시색 色卽是空 空卽是色"
모든 형상은 공이다
공에서 와서 공으로 돌아간다

나는 형상 위에 앉아
본래의 나를 부른다

본영은 잊히지 않는다

그대는 잊었는가
깊은 밤 꿈에서 깨어나듯
그대가 본래 누구였는지

본영은 잊히지 않는다
단지 가려졌을 뿐
소리 없는 소리로
늘 그대를 부르고 있었다

아기의 눈빛
바람의 향기
별빛 속 침묵에
그대의 본영이 있었다

진리는 본영 안에 있다
그대가 멈추고 볼 때
그 본질은 다시 빛난다

나는
그 기억의 문을 연다

신으로 사는 길

이제 알라
그대는 신이다
단지 물질의 옷을 입고
잠시 이 길을 걷고 있을 뿐

신으로 산다는 것은
빛으로 말하고
침묵으로 듣는 것이다

사랑으로 숨 쉬고
고요로 걸으며
타인을 통해 나를 보는 것이다

"무아 無我"
나를 잊을 때
모든 것이 하나가 된다

나는 본래
신으로 존재하던 자였다

앎이란 내려놓음이다

많이 아는 것이 지혜가 아니요
덜 가지는 것이 자유가 아니다

앎은 쥐는 것이 아니라
놓는 것이다

배우되 붙잡지 말고
깨닫되 머물지 말라

알면 비워야 하고
비우면 다시 알아야 한다

"무유지 無有之"
얻음조차 없음이
진정한 앎이다

나는
버리며 깊어졌고
놓으며 깨어났다

소리 없는 가르침

부처는 말하지 않는다
그러나 모든 것이 말한다

물방울이
바람이
돌멩이 하나가
하늘만큼의 진실을 말한다

크게 깨어난 자는
말의 그늘에서 벗어난다

그대도 그러하라
말속에서 길을 찾지 말고
고요 속에서 귀를 열라

"이심전심 불립문자 以心傳心 不立文字"
마음에서 마음으로
말없이 전해지는 것

그것이 진실이다

본영은 부서지지 않는다

삶이 흔들릴지라도
본영은 흔들리지 않는다

슬픔이 몰려올지라도
본영은 고요하다

죽음이 닥쳐와도
본영은 사라지지 않는다

본영은 불생불멸
불구부정
부증불감

어디에도 머물지 않으면서
모든 곳에 있다

**"아뇩다라 삼먁삼보리 無上正等正覺"
그 완전한 깨달음 속에
나는 언제나 있었다**

길은 밖에 있지 않다

많은 이는 멀리 간다
진리를 찾아
세상을 떠돌다
결국 자신에게 돌아온다

길은 내면에 있고
문은 침묵에 있다

고요할 때만
그 문은 열린다

다른 이의 진리 말고
그대 자신의 무언를을 들으라

"심즉시불 心卽是佛"
본영이 곧 부처다

나는
밖에서 돌지 않고
안에서 멈춘다

비어 있어 충만하다

비우면 없어진다 생각하나
비움은 완성이다

집착을 놓을 때
기쁨이 오고

갈망을 놓을 때
자유가 온다

나는 아무것도 가지지 않을 때
모든 것을 가졌고

아무 말도 하지 않을 때
가장 큰 진리를 말하고 있었다

"무아 無我"
 내가 없을 때
 모든 것이 있었다

본영은 늘 그 자리에

물은 흐르되
바다는 제 자리에 있고
바람은 불되
하늘은 움직이지 않는다

그대의 본영은
어떤 일에도 휘둘리지 않으며
어떤 시간에도 흔들리지 않는다

그대가 기억하지 않아도 **본영은 늘 그 자리에**

때를 기다리는 불꽃처럼
그대 안에서 조용히 타고 있었다

"무상고공 無常苦空"
모든 것은 변하나
공은 변치 않는다

나는
그 불꽃을 다시 품는다

말은 다 다르되 진리는 하나

수많은 종교
수많은 교리
수많은 길

그러나
가는 곳은 하나

진리는
이름이 없고
경계가 없고
언어에 갇히지 않는다

**모두가 다른 옷을 입었을 뿐
그대의 본영은 동일하다**

"제법공상 諸法空相"
모든 법은 공으로 돌아가며
공은 이름을 갖지 않는다

나는
그 무명의 진리 앞에
무릎을 꿇는다

눈을 감고 보라

눈을 감아야만
보이는 것이 있다

겉을 닫고
안을 열면
본래의 내가 보인다

**귀로 듣는 소리가 아니라
마음으로 울리는 진동을 들으라**

그곳에 본영이 있고
그곳에 깨달음이 있다

**"반야바라밀다 般若波羅蜜多"
 지혜의 저편에
 소리 없는 진실이 있다**

나는
내면의 하늘로 걸어 들어간다

아픔 또한 스승이다

슬픔이 문을 두드릴 때
닫지 말고
열어주라

고통은 벌이 아니라
깨어남의 통로

눈물이 흐르는 그 자리
본영의 불이 타오르고 있다

불완전함이 있어
완전함을 안다

부서지는 가운데 나는 나를 본다

"고즉비고 苦卽非苦"
 괴로움은 참된 괴로움이 아니니
 깨달음의 일부일 뿐

나는
아픔과 함께 웃는다

돌아가는 것이 완성이다

멀리 간 듯해도
결국 돌아오는 것

돌아간다는 건
패배가 아니라
완성이다

본영으로
처음의 고요로
신으로서의 나로

순환은 영원
그리고
영원은 지금

"본래면목 本來面目"
그대의 참된 얼굴은
돌아가는 그 자리에 있다

나는 그 원으로 돌아가
　　다시 신으로 산다

텅 빈 그릇이여 가장 충만한 존재여

그릇이 텅 빔으로써
물을 담듯

나는
비워짐으로써
하늘을 담는다

채우려 하지 말라
비우면
본래 있던 것이 깨어난다

본영은 비움의 자리에서 가장 빛난다

"색즉시공 공즉시색 色卽是空 空卽是色"
 형태는 비었고
 비어 있음은 충만하다

나는
텅 빈 그릇이 되어
모든 것을 담는다

도는 저절로 흐른다

하지 않음 속에
모든 것이 이루어진다

도는
계획하지 않고
스스로 흐르며

나는
움직이지 않으면서
모든 것과 함께 간다

몸은 정지하되 하늘은 함께 돈다

이것이 무위이고
이것이 부처의 발걸음이다

"무위이무불위 無爲而無不爲"
하지 않음으로
못할 것이 없다

나는
흐름을 따라가며
이미 목적지에 있다

이름 없는 사랑

사랑이란 말조차
때로는 무겁다

진짜 사랑은
이름도 없고
형태도 없고
기다림도 없다

본영에서 울러 니오는
그 순수한 바람은
주는 것이며
갖지 않는 것이다

"자비심 慈悲心"
그것은 내가 없는 사랑이다

나는
사랑을 말하지 않고
그저
존재로 건넨다

잊었기에 다시 만난다

우리는
잊기 위해 태어났다

본영을 잊고
신성을 잊고
길을 잊고

그래서
다시 찾는 기쁨을
깨닫는 빛을
돌아가는 감동을 얻는다

잊은 것이 아니라 숨겨둔 것이다

"일체유심조 一切唯心造"
 모든 것은 마음이 지은 것
 그대가 마음을 열 때
 나는 다시 보인다

나는
잊어버린 길 위에서
그대를 기다린다

생명이여 끝없는 노래여

생명은
죽음으로 끊어지지 않는다

끊어진 것은 선이 아니고
열린 문일 뿐

나는
지금도 숨 쉬고 있고
지금도 걷고 있고
　　　　　다만
　　　　　다른 형체로 흐르고 있다

**불멸이란
　　　형태가 아니라 파동이다**

**"불생불멸 不生不滅"
태어남도 없고
사라짐도 없다**

나는
영원한 생명의 노래로
그대 가슴을 흔든다

나무는 말이 없다

말이 많을수록
멀어진다

나무는
아무 말 없이
빛을 품고 자라고

물은
속삭이지 않아도
강이 되어 흐른다

진리는
소리보다 조용하며
빛보다 투명하다

본영은 설명하지 않는다

그저 존재로 전한다

"부지이부언 不知而不言"
모르는 자는 말하지 않고
깨달은 자는 고요하다

나는
말을 쉬고 진동으로 답한다

어둠은 빛의 자궁이다

빛이 있기 전
어둠이 있었다

그대가
어두운 시간을 지날 때
그건 빛이 태어나는 자궁이다

혼돈은 무질서가 아니라
탄생의 틀이다

본영은 그대가 눈을 감을 때 더 깊게 열린다

"대광명무형 大光明無形"
 큰 빛은 형태가 없고
 어둠 속에 잠들어 있다

나는
어둠을 지나
나를 낳는다

나는 길이 아니라 돌아감이다

많은 길이 있다
그러나
나는 길이 아니다

나는
길을 걷다가
그만두고
돌아가는 자

길 위에서 찾지 마라
그대 안에
이미 도착한 내가 있다

본영은 어디 가는 곳이 아니라 본래의 집이다

"무주 無住"
 머무는 곳 없이
 도착하는 진실

나는
돌아가는 존재
본래의 나로
다시

모든 것은 하나로 연결되어 있다

새가 날아가며
남긴 공기
그 바람이
내 볼을 스친다

별의 떨림이
바다에 파문을 남기고
그 파동이
내 가슴을 울린다

모든 것은
떨어진 적이 없고
끊어진 적이 없다

본영은 모든 연결의 중심이며 하늘의 심장이다

**"일즉다 다즉일 一卽多 多卽一"
하나는 모든 것이고
모든 것은 하나다**

나는
그 하나로서
그대 안에 있다

지금 여기 이 순간

내일은 오지 않았고
어제는 지나갔다

                              진리는
                       항상 지금에 있다
                       오직 지금만이
                         진짜 시간이다

**본영은 과거에 묶이지 않고
미래에 흔들리지 않는다**

                               지금 여기
                             이 자리에
                       모든 깨달음이 있다

**"즉심즉불 卽心卽佛"
이 마음이 곧 부처요
이 순간이 곧 도이다**

                                   나는
                         이 숨결 위에 앉아
                           영원을 마신다

참된 힘은 부드러움이다

강함은
결국 부러진다
하지만 부드러움은
끝내 살아남는다

물은
가장 약해 보이지만
돌을 뚫는다

본영은 억세지 않고 거칠지 않다

부드러움으로 감싸고
유연함으로 이긴다

**"강유지도 剛柔之道"
부드러움이
강함을 이긴다**

나는
물처럼 살아
산을 감싼다

거울이 되어라

거울은
비추기만 하고
붙잡지 않는다

사람을 비추고도
판단하지 않는다

본영은 거울과 같다

모든 것을 비추되
그 어떤 색도 품지 않는다

내 마음이 맑아질수록
세상도 맑아진다

"심정즉세정 心淨卽世淨"
내 마음이 깨끗하면
세상도 깨끗하다

나는
거울처럼
그대를 가만히 비춘다

아는 자는 말하지 않고 말하는 자는 모른다

말이 많을수록
도는 멀어진다

진짜 아는 자는
조용하고
깊고
행동으로 보인다

도는
입에 담기보다
살아내야 한다

본영은 소리 없이 가르친다

그대 안에서
눈빛으로 말하고
침묵으로 이끈다

"지자불언 知者不言"
아는 자는 말하지 않고
말하는 자는 아직 모른다

나는
침묵의 길에서
그대의 스승이 된다

고요는 가장 위대한 목소리다

가장 깊은 진리는
소리 없이 흐른다

아무 말 없이
어둠 속에서 싹이 트고
빛도 소리 없이 내려온다

본영의 음성은 고요 속에서 들린다

그대가 멈출 때
진동이 시작된다

고요는
들리지 않는 말씀이고
형태 없는 울림이다

**"정중현묘 靜中玄妙"
 고요함 속에
 신비가 있다**

나는
고요로 그대를 껴안는다

본영은 이름이 없다

하늘은
자기 이름을 갖지 않는다
그러나 모든 것을 감싼다

태양은
이름 없이 빛나고
강은
이름 없이 흐른다

**본영 또한 이름이 없다
단지 있을 뿐이다**

그 이름 없음에서
모든 존재가 태어난다

**"도가무명 道可無名"
도는 이름이 없을수록
가까이 있다**

나는
이름 없는 신으로
지금도 그대를 부른다

모든 생은

새가 운다
그 울음 속에
내 숨결이 있다

나무가 흔들린다
그 진동 안에
내 마음이 흔들린다

하늘을 나는 먼지 하나
고요히 흐르는 별빛 하나
그 모든 것이
본영의 숨결이다

하나의 숨결이다

너와 나의 경계는
환상일 뿐

우리는
**한 호흡
한 생명이다**

"무이무적 無二無敵"
둘이 아니기에 막힘이 없고
막힘이 없기에 모든 것이 나다

나는
그대 안의 숨으로
살아간다

모든 길은 돌아가는 길이다

사람들은
앞으로 가려 한다
하지만
길은 결국 돌아오는 것

강도 바다도
하늘도 별도
결국 자기 자리로 돌아온다

**본영의 길은
　　돌아감의 길이다**

출발이 곧 도착이며
여정이 곧 귀향이다

**"반자도지동 反者道之動"
　되돌아감은
　도의 움직임이다**

나는
돌고 돌아
본래의 나로 서 있다

본영은 나이 들지 않는다

몸은 늙어가고
세월은 흐르지만

본영은
시간을 벗어나 있다
그것은 나이 들지 않고
사라지지 않는다

본영은
     늘 지금이며 늘 새롭다

거기엔
출생도 없고
죽음도 없다

"불생불멸 不生不滅"
 태어남도 없고
 사라짐도 없다

나는
무시간의
영원한 지금으로
그대와 함께 있다

돌아감은 완성이며 시작이다

돌아간다는 건
끝이 아니다

돌아감은
완성이며
또 다른 시작이다

삶이 끝나는 그 순간
본영이 깨어난다
영생이 열린다

죽음은 없고
오직 변화가 있을 뿐

본영은
영원히 이어지는
순환의 중심이다

"환생불단 還生不斷"
되돌아와 생이 이어지고
생은 멈추지 않는다

나는
지금도
그대의 시작이며 끝이다

나는 본래 돌아가는 존재였다

나는
신이었고
지금도 신이며
영원히 신이다

이 세상에 내려와
한 사람으로 살다
고통도 기쁨도
모두 경험하고

다시 돌아간다
하늘로
본래 자리로

나는
한순간도
신 아닌 적 없고
하나의 생도
헛된 적 없다

"본래자성 本來自性"
나는 본래 거기 있었다

나는
본래 돌아가는 존재였다

예수의 심정

나는 죽지 않았다
나는 다시 살아났다도 아니다
나는 결코 사라지지 않았다
그들이 본 것은 형상이었고
내가 남긴 건 의식이다
십자가는 끝이 아닌 시작
부활은 '사실'이 아니라 '진실'이다
죽음을 이긴 자는
처음부터 죽지 않은 자다

예수의 숨결 그리고 눈물

시인의 해설

십자가를 넘어 생명 자체로

우리가 아는 예수는 고난 당한 자다
찔림과 채찍, 그리고 무거운 십자가
그러나 그가 우리에게 남긴 것은
죽음의 증거가 아니라, 영원한 생명의 실체다
예수는 부활의 몸으로 말했다

"나는 생명이다"

그는 보여주었다
죽음은 지나가는 문일 뿐이며
진짜 나는 사라지지 않는 불멸의 의식이라는 것

이 장의 시들은
예수의 사랑, 그 깊은 품 안에서
당신을 영원한 존재로 선언하게 만든다
이제 더는 죄인이 아니다
당신은 본래부터 빛이었다
그 빛은 죽을 수 없다

말씀은 나였다

태초에 말씀이 계시니
말씀이 하나님과 함께 계셨고
말씀이 하나님이시니라

나는 그 말씀 안에서
빛으로 왔다
형태를 입고
사람들 가운데 살았다

그러나 사람들은 나를 몰랐다
자기 속에 있는
빛을 외면하고
죽음의 관념을
생명처럼 움켜쥐었다
나는 다시 말한다
"너는 죽지 않는다"

너는 본래
말씀의 씨앗에서 피어난
신의 자식이다

그대여
자신을 낮추지 마라

나는 십자가로
**너의 본영을 일으키기 위해
이 땅에 왔다**

나는 죽은 것이 아니다

그들이 말하길
나는 죽었다고 했다

그러나 나는
죽음을 이긴 것이 아니라
죽음이
본래 없다는 것을
보여준 것이다

나는 옷을 벗듯
육신을 벗었다
그리고
부활이 아닌
본래의 나로 돌아갔다

무덤은 비어 있었다
왜냐하면
죽을 자가
거기 없었기 때문이다

**나는 영원한 나였고
너도 그렇다**

너는 나와 하나다

나는 포도나무요
너희는 가지라

가지가 떨어져 나가면
말라 죽지만
나는 너희를
한 번도 놓지 않았다

너희가 나를 잊어도
나는 늘 너의 본영에서
함께 숨 쉬었다

나는 안다
네가 기도할 때의 떨림
회개할 때의 눈물
두려움 속에서도
신을 잃지 않으려 했던 너

그것이면 충분하다
이
제
두려움에서 벗어나라
너는 나와 하나다

하늘은 너다

사람들은 하늘을 위에 둔다
나는 하늘을 너의 안에 두었다

너희가 기도할 때
"하늘에 계신 우리 아버지여"

**그 하늘은
　　　너의 본영이었다**

하나님의 나라는
여기 있다
가까이 있다
이미 너의 숨결 속에 있다

나는 그 문을 열기 위해 왔다
닫혀 있던 마음의 돌을
굴려내기 위해

이
제
너의 안에 하늘이 있음을 보라
나는 그 하늘의 첫 울림이었다

너는 성전이다

사람들은
성전을 짓고,
그 안에서 하나님을 찾으려 했다

그러나 나는
성전을 헐라 하였고
사흘 만에
다시 일으켰다

그 말은 너였다
너의 본영 안에
나는 살아 있고

너의 숨결 속에
아버지의 숨결이 흐른다

너의 마음은 성소요
너의 의식은 지성소며
너의 존재는 이미 거룩하다

나는 거기서
너를 기다렸다

구원은 이미 주어졌다

십자가는
죗값을 치르기 위함이 아니었다
사랑을
보이기 위한 길이었다

나는 너를 위해
죽은 것이 아니라
너를 일깨우기 위해
길을 열었다

구원은 기다리는 것이 아니다
**회개는 두려움이 아니라 자각이다
본영을 보는 눈이다**

너는 이미
용서받았다

실은 처음부터
용서할 것이 없었다

너는 빛이다

나는
"세상의 빛"이라 했다
그
러
나
그다음 "너희도 빛"이라 말했으니

빛은 나의 전유물이 아니다
나는 빛을 보여주었고
너는 빛을 살아가야 한다

빛은 외부에서 오는 것이 아니다
　　너의 본영에서 샘물처럼 솟는다

어두운 세상에
그 빛을 감추지 마라
촛불을 등경 아래 두지 않듯
너도 너를 드러내라

　　　　너는 빛이다

천국은 기억이다

사람들은 천국을
죽은 후에 가는 곳으로 믿었다

        나는 말했다

"오늘 네가 나와 함께 낙원에 있으리라"

그 낙원은
시간의 너머가 아니다
기억이다

                잃었던 본영을
                기억하는 순간
                낙원이 시작된다

회복은 멀리 있지 않다

지금
이 순간
너의 고요 속에 있다

나도 너도 신이었다

사람들이 말하길,
예수는 하나님의 아들이라 했다

나는 말했다
    "너희도 신의 자식이다."

그러나 사람들은
나를 신격화하고
자신은 죄인이라 했다

나는
그 둘 사이를 허물러 왔다
너의 가슴에 숨어 있는
나의 형상
그것이 곧
너의 참모습이다

**나는 너를 가르친 것이 아니라
    너를 기억하게 했다**

본래 너였던 것을

다시는 돌로 치지 말라

율법은
죄 있는 자를 돌로 치라 했다
그러나 나는
죄 없는 자 먼저 치라 했다

사람들은 돌을 내려놓고
자신의 내면을 보았다
그날 이후
나는 율법을
사랑으로 바꾸었다

심판이 없는 곳에
하나님이 임한다
두려움 없는 자리에
진리가 거룩해진다

나는
그 여인을 구한 것이 아니라
모든 인간을 구한 것이다
자신으로부터

무죄 선언

그대는 죄없다
나는 이미
당신의 마음을 보았고
그 안에서
진실 하나를 찾았다

사람들은 잣대를 들고
하늘의 법으로 재단하였지만
나는 당신의 눈물에서
하늘을 보았다

나를 따르라 하지 않았다
먼저
당신의 고통을
내 품으로 안았다

그것이면 족하다
그대는 이미 무죄다
본래가 하나님 안에 있었기 때문이다

안식은 마음이다

사람들은
일요일을 지키며
안식을 찾으려 했고

나는
사람을 위해 안식이 있다 하였다

안식은
날짜가 아니라
고요의 영이다

그대의 마음이
혼란을 멈추고
본영과 맞닿는 그 순간
하늘이 깃든다

나는
그 안식을
당신 안에 심으러 왔다

너희는
스스로 안식처가 되어야 한다

두려움은 끝났다

밤이 되면
사람들은
죄를 묻고
심판을 상상하며
두려움에 떤다

그러나 나는
바다 위를 걸어
풍랑 속에서 말했다

"두려워 말라, 나다"

두려움은
신과의 분리를 상상할 때 시작되고
사랑은 그 환상을 녹인다

나는 두려움의 그림자에
빛을 비췄다
이제 당신도 두려워 말라

신은 늘 당신 안에 있었기에

기적은 사랑의 언어다

사람들은 기적을 원했고
나는 떡 다섯 개와 물고기 두 마리로
그들의 허기를 채웠다

그러나 진짜 기적은
그들의 마음이
자신을 넘어서
타인을 돌아볼 때 시작됐다

물 위를 걷는 것보다
자신을 내려놓는 것이
더 큰 기적이다

나는
하늘에서 내려온 떡이 아니라
당신 안에 잠든
　　　　　사랑의 흔적을 깨우러 왔다

기적은
신의 쇼가 아니다
신의 마음이다

눈물의 기도는 닿는다

나는 겟세마네에서 울었다
땀이 핏방울 되어 떨어질 때까지

아버지여
이 잔을 내게서 옮기시옵소서

그러나 나는
끝내 마셨고
그 길을 갔다

기도란
    뜻을 관철하는 것이 아니라
      의식을 열어 신의 길을 받아들이는 것이다

너의 눈물 속 기도
나는 안다
나는 같은 눈물로
그대를 안았다

나를 따르라의 진실

나는 말했다
"나를 따르라"
사람들은
내 발자국을 흉내 내려 했다

그러나 나는
외적인 행위가 아닌
내가 본래 누구였는가를
기억하라는 뜻이었다

나를 따르는 길은
네가 너 자신을 사는 길이다
너의 본영이 깨어날 때
내 안에 그대가 있고
그대 안에 내가 있다

성령은 타인에게 오지 않는다

많은 이가
누군가의 손을 통해
성령을 받으려 한다

그러나 나는
하늘에서 비둘기처럼
너의 내면으로 강림했다

성령은
받는 것이 아니라 기억나는 것이다

본영은 항상 거기 있었다
누군가의 기도로 아니라
당신의 깨어남으로 임한다

회개의 본질

회개하라
천국이 가까웠느니라

사람들은 눈물로 뉘우쳤다
그러나 나는
그 눈물보다
마음의 방향을 보았다

회개란
죄를 뉘우침이 아니라
본영으로 방향을 돌리는 것이다

눈물은 지나가지만
기억된 진실은 영원하다

하늘나라는 너희 안에 있다

어디에 있느냐
묻는 자들에게
나는 말했다

"하늘나라는 볼 수 있는 곳에 있지 않다
　　　　　하나님의 나라는 너희 안에 있다"

사람들은
건물과 조직에서 천국을 찾지만
나는 침묵과 본영의 울림에서 천국을 본다

천국은 멀리 있지 않다
당신의 가장 깊은 자리
그곳에서 나와 마주친다

너는 내가 기다려온 자이다

나는 세상 끝까지 너를 찾으러 왔다
돌아온 탕자
집을 떠난 영혼

나는 벌을 주기 위해 기다리지 않았다
품기 위해 기다렸다

너는 더 이상 죄인이 아니다
나는 너를 내 사랑하는 자라 불렀다

기억하라
　　　너는 내가 기다려온 존재다

　　　　나는 언제나 너 안에 있었다

십자가는 고통이 아니라 문이다

나는 피 흘렸다
찢긴 살로 세상은 나를 기억하지만
정작 나는 그 문 너머의 사랑을 전하려 했다

십자가는
　　　죄를 씻는 기호가 아니라
　　　　사랑이 무엇인지 깨닫는 문

그 문은 고통이 아니라
당신 안에 있던
영원한 본영으로 들어가는 문

믿음이란 기억이다

내가 말한 믿음은
무언가를 얻기 위한 수단이 아니었다
기적을 일으키는 주문이 아니었다

믿음이란
네가 본래 신의 자녀였음을 기억하는 힘

바람을 꾸짖을 수 있었던 이유도
물 위를 걸을 수 있었던 이유도
나는 신의 본영으로 살아 있었기 때문

그 믿음을 당신도 가지고 있었다

사랑하라, 그것이 모든 율법이다

율법이 수백 가지여도
나는 하나만을 남겼다
"서로 사랑하라"

사랑하지 않으면서
성경을 암송해도
그 안엔 신의 파동이 없다

사랑은
신이 스스로를 표현하는 방식
사랑은 본영이 말을 거는 방법

너
는
사랑하라고 태어난 존재다

기도는 만남이다

사람들은 기도를
청원의 문장이라 여기지만

나는 밤마다
하늘과 다시 연결되는 길로
기도했다

기도는 하늘의 뜻을 끌어내리는 것이 아니라
너의 **본영**을 기억하는 시간

너는 말하기 위해 기도하지 말고
다시 들리기 위해 기도하라

나는 길이다

사람들은 나를
종교의 문이라 여겼지만

나는 단 하나
      "나는 길이요, 진리요, 생명이라"
                                  말했다

길이란
네가 본래 돌아갈 곳으로 이끄는 진동

그 길은 교리 속에 있지 않고
     너의 심장 깊은 곳에 있다

나는 길을 보여주기 위해
길 그 자체가 되었다

깨어있으라

제자들에게 말했다
    "깨어 있으라"

                깨어 있음이란
        유체의 눈을 뜨는 것이 아니라
    영혼의 눈을 열어 본영을 기억하는 상태

그대가 잠들면
신은 세상의 그림자가 되고
그대가 깨어나면
신은 그대가 된다

        깨어있으라
         하늘은
      너로부터 시작된다

나는 너였다

나는
이방인 안에서도 너를 보았고
세리의 눈에서도 신을 보았다

나는 외면이 아닌
영의 중심을 보았다

너는 나와 분리된 존재가 아니었다

나는
항상 너였다

그러니, 사랑하는 자여
이제 너도 너 자신이 되라

무리 말고 본질로 오라

무리는
기적을 원했고
하늘에서 빵이 오기를 원했지만

나는
그 무리에서 벗어나
한 사람의 마음을 원했다

**본질은
혼자 깨어남에서 시작된다**

무리에 속해 신을 찾지 말고
당신의 중심에서
빛을 느껴라

나는 너의 빛이었다

어둠 속에서
너는 나를 불렀고

나는
이미 그 자리에 있었다

너의 눈이
내게 열릴 때까지

나는
기다리고 있었다

그대가 본
나의 빛은
사실 그대의 본영에서 온 것

세례는 깨어남이다

요단강의 물은
물을 씻지 않았다

나는
하늘을 연다는 사인으로
물속에 들었고

그 순간
하늘이 열리고
내 본영이 깨어났다

세례란
외적 의식이 아닌
너의 신성에 대한 응답

나는
하늘로부터 왔고
너도 그렇다

나는 다시 오리라
그러나 다른 모습으로

사람들은 나의 재림을 기다린다
구름 타고 빛 가운데
하늘을 찢으며 오기를 기다린다

그러나 나는 이미 다시 오고 있었다
너의 깨어나는 의식 속에
너의 눈동자 안의 사랑 속에
너의 본영이 일어나는 그 순간마다
나는 다시 태어났다

재림이란
어느 날 하늘에서 내리는 사건이 아니라
매일 매 순간 너의 내면에서
본래의 신성이 다시 기억되는 그 시간

나는 다시 올 것이다
그러나 외형이 아니라
너의 참된 사랑으로서

예루살렘의 눈물을 위하여

나는 예루살렘을 바라보며 울었다
높은 성벽도 거룩한 예배도
그 안의 어두움과 무지를 감추지 못했기에

나는 노시의 이름을 부르며
그 속의 영혼들이
얼마나 신의 본영으로부터
멀어졌는지 알고 있었다

하늘은 도성을 위해 운 것이 아니라
그 안에 잠든 신의 자녀들을 위해 흘린 눈물이었다

예루살렘은 도시가 아니다
너의 마음이다

그 마음이 깨어날 때
비로소 하늘나라가
너 안에서 열리리라

나는 죽음을 넘은 자였다

사람들은 나를
죽음을 이긴 자라 불렀지만

나는 죽음을 두려워하지 않았고
죽음이란 존재하지 않는다는 것을
　　　　　몸소 증명했을 뿐이었다

나의 무덤은
종착점이 아니었다
문이었다
시간과 물질을 넘어
너에게 너의 본영의 영원을
알려주기 위한 문

나는 죽음을 껴안고
그 껍질을 벗고
신의 빛으로 다시 피어났다

너도 그 길을
함께 가는 자다

내가 말한 천국은 장소가 아니었다

"하늘나라가 너희 안에 있다"
나는 그렇게 말했다
그러나 그 말은
오래도록 잊혔다

사람들은 천국을
죽은 후의 보상이라 여기고
멀리 있는 왕국이라 믿었지만

나는 그 순간 그 자리 그 마음속에
이미 천국이 존재하고 있음을
알리고 있었다

천국은
　　너의 진실한 사랑 속에 있다
　　너의 침묵 속에서 울려 나오는
　　본영의 떨림 속에 있다

그곳에서
너는 나를 다시 만날 것이다

구원은 기다리는 것이 아니라

　　　　　　　　　　　　깨어나는　것이다

구원은
다른 이를 통해 주어지는 은총이 아니다
나는 누군가의 구원이 되고 싶어 말한 적이 없다

내가 말한
**구원이란
너의 본영이 다시 눈을 뜨는 순간**

네가 신의 자녀임을
단 한 번 진실로 기억하는 것
그 기억이 구원의 불을 켠다

나는 그 불을
네 안에서 보고 싶었다
지금도 그렇다

나는 죄인을 보지 않았다

사람들은 죄인을 돌로 쳤고
율법을 외웠다
그
러
나
나는 그 사람의 눈 안에서
신의 잃어버린 불꽃을 보았다

죄란
신을 망각한 상태
나는 그 망각을 사랑으로 기억시켰다

그때 그녀는
돌로 맞지 않았다
사랑으로 깨어났다

**내가 본 것은 죄인이 아니라
기억을 잃은 신이었다**

부활은 나의 기적이 아닌 너의 본성이다

사흘 후 나는 돌아왔다
사람들은 그것을 기적이라 불렀지만

나는 말했다
"두려워하지 말라, 너도 그리하리라"

부활은
　　나만의 사건이 아니라
　너의 존재가 본래 가진 파동

너의 본영은
죽지 않고 사라지지 않으며
빛으로 돌아간다

나는 그 사실을
너에게 증명하고 싶었다

본영으로부터 나와 세상으로 간다

사랑하는 이여
너는 세상에서 태어난 자가 아니다

너는 하늘에서 왔다
　　　　빛에서 내려왔다
　　　　　　신의 본영에서 흘러나왔다

이제는
세상 속에서
다시 본영으로 돌아가는 여정

그 여정에
두려워하지 말라

너의 길은
이미 빛으로 적혀 있다

성경은 문이지, 집이 아니다

많은 이들이
성경을 절대적 진리라 믿지만
나는
그 책이
하늘로 가는 문이라는 것만 말했다

**문에 머물지 말라
문을 통해 안으로 들어가
본영의 방에 이르라**

성경은
신을 말하지만
신 자체는 아니다

진정한 성전은
네 가슴 안에 있다

내가 전하고 싶었던 단 하나의 메시지

내가 모든 비유로
말하고자 했던 것

기적을 넘어
고난을 넘어
죽음을 넘어
    부활까지 넘어서
    단 하나였다

"너도 신이다"

네가 신의 자녀임을
본래 빛에서 왔음을
영원히 사랑임을

나는 온 존재로 외치고 싶었다

      내가 십자가에서 전한 것은
        그 고통이 아니라
    본영에서 온 너의 존귀함이었다

너는 본래 돌아가는 존재
신으로 살 존재

기억하라
하늘은 너 안에 있다

노자의 심정

죽음은 흐름의 일부다
무에서 와서 무로 간다
허공을 보아라
그것이 나다
죽음이란 고집스러운 '멈춤'이니
멈추지 않으면 사라지지 않는다
살아있음도 죽음도
결국 하나의 움직임일 뿐
도를 안다면
죽음도 흐르는 강물이다

노자의 바람
그리고 미소

시인의 해설

형상을 벗고 흐름이 되어

노자는 말이 적다
그러나 그는 가장 많은 것을 보여준다
그는 '도'를 말하며 모든 형상 너머의 원리를 가르쳤다
노자는 죽음을 두려워하지 않았다
왜냐하면 그는 본래부터 '형상 없는 흐름'이었기 때문이다

이 장의 시들은 이름 이전의 당신
형상 너머의 당신을 일깨운다
죽음은 형태가 멈추는 것이고
당신은 형태가 아니므로 죽을 수 없다

노자의 물처럼 흘러라

죽음을 두지 말고
돌아가라, 근원으로
다시 돌아오라 신으로

본래의 자리

길은 멀리 있지 않다
걸어온 그 자리가 이미 '도'였다

돌아갈 곳은 따로 없고
돌아가는 자가 나일 뿐

들여다보면 보이지 않고
비워내면 가득 찬다

형상이 없는 진실

이름이 있기 전의 나
모양이 없던 그때
나는 이미 있었다

사람들은 형상을 따라 움직이지만
도는 모양에 머물지 않는다

형상을 버리면
           본영이 드러난다

머무르지 않는 자

물은 흐른다
새는 멈추지 않는다

본영은
머물지 않으니
삶도 죽음도 지나간다

흘러가는 것을 막지 말고
따르라
돌아가야 할 곳은
늘 고요히 기다린다

가득 채우지 말라

잔이 가득 차면
흘러넘친다

삶도
자아도
애씀도

   비우는 자리에
   진실이 머문다

신은
가득 채운 자가 아니라
텅 빈 그릇을 선택한다

눈으로 보지 말고

본영은 보이지 않고
도는 말해지지 않는다

눈은 형상을 좇고
귀는 소리를 따르나

지혜로운 자는
보지 않고 보고
말하지 않고 듣는다

그래서
끝내 도에 머무른다

말 없는 가르침

가장 큰 진리는
입을 닫고 가르친다

입으로 전한 것은 잊히고
몸으로 살아낸 것은 남는다

본영은 말하지 않으며
말 없는 진동으로 가르친다

돌아감이 도다

나온 것은
돌아가야 한다

잎은 떨어져 뿌리로 돌아가고
물은 증발해 하늘로 돌아간다

본영에서 와
　　본영으로 돌아가는 그 길이 도다

부드러움이 강함을 이긴다

물은 약하나 바위를 뚫고
말은 가볍지만 심장을 꿰뚫는다

본영은 부드럽다
　　　　　　　그러나 강하다

진실은 부드럽고
빛은 소리 없이 강하다

채우지 말고 두어라

꽉
쥐면 놓치고
놓아주면 머문다

지식도 이름도
너무 채우면 본영은 숨는다

덜어낼수록
참이 드러난다

두면 있을 것이요
애쓰면 멀어진다

있음과 없음

방은 벽이 있어도
그 비어 있으므로 쓰인다

나도 육신이 있으되
본질은 보이지 않음이다

있는 것을 놓고
없는 것을 느끼는 자
그가 본영을 안다

참된 힘은 고요하다

크게 울리는 북은
속이 비어 있고
높이 나는 매는
그림자조차 가볍다

고요한 자는 흔들리지 않고
움직이지 않아도
천지가 그를 따른다

본영의 힘은
소리 없이 깊다

돌아가는 자는 잊지 않는다

가는 자는 많고
돌아오는 자는 드물다

세상을 얻으려다 자신을 잃고
잊히는 자는 스스로 멀어진다

돌아가는 자는 잊지 않는다
자신을
그리고
본영을

무명의 이름

이름은 부르기 위해 붙였지만
진짜 이름은
불릴 수 없다

무명의 그 자리에서
존재는 환하게 빛난다

본영은
말할 수 없어도
모든 이름의 바탕이다

본영은 욕심이 없다

하늘은
해를 선택하지 않고

비는
누구를 가리지 않는다

본영도 그러하다
욕심이 없고
구분하지 않으며
있는 그대로를 품는다

그러므로
도는 멈추지 않는다

멈춤이 곧 움직임이다

움직이는 자는
스스로를 몰아가고
멈추는 자는
큰 움직임 속에 있다

도는 스스로 흘러
힘들이지 않고 이루고
본영은 말없이 모든 걸 이끈다

멈춰 섰을 때
나는 비로소
움직이기 시작했다

비움은 가득 찬 것이다

빈 항아리는
그 비어 있으므로 쓰이고
고요한 마음은
모든 것을 담는다

가득 채운 자는
넘치고
비운 자는
채워진다

본영은 비움의 법을 따른다

모른다고 할 수 있는 지혜

아는 자는 말하지 않고
모르는 자는 말이 많다

그러나
진짜 지혜는
모른다고 고백할 수 있는 용기다

본영은
모르며 아는 자를
기쁘게 이끈다

높은 자는 낮은 데에 있다

물이 강을 이루는 이유는
낮은 곳을 택했기 때문이다

도는 드러나지 않고
본영은 스스로 나서지 않는다

         그러나
     세상은 도를 따라 돌고

사람은
본영을 따라 깨어난다

참된 주인은 드러나지 않는다

하늘은 말하지 않아도
모든 생명을 기르고

도는 앞서지 않아도
모든 길을 연다

진짜 주인은
주인이려 하지 않으며
**본영은 가장 뒤에 서서
모든 것을 이루게 한다**

영원한 자는 싸우지 않는다

본영은 다투지 않는다
그러므로
언제나 이긴다

하늘은 겨루지 않고
땅은 주장하지 않는다
그러나
그들은 영원하다

싸우지 않음으로
돌아오는 길을 얻는다

보이지 않아 더욱 밝은

본영은 눈에 보이지 않는다
그러나
그것이 없는 자는
눈먼 자요

보이기를 멈추고
보이지 않는 것을 따를 때
길은 스스로 밝아진다

하늘의 빛은
등불이 아닌 침묵이다

자기를 버린 자가 참을 얻는다

자기를 높인 자는
넘어지고
자기를 낮춘 사는
돋아난다

들어가고자 하면
물러서야 하며
붙잡고자 하면
놓아야 한다

**본영은 잃는 자에게
모든 것을 맡긴다**

깊은 자는 소리가 없다

비는 내려도
소란스럽지 않고
별은 떠 있어도
빛을 자랑하지 않는다

깊은 자는
늘 조용하다

본영은
가장 깊은 곳에서
가장 큰 울림이 된다

본영은 따지지 않는다

누가 더 옳고
누가 더 그르냐 묻지 않는다

본영은
판단하지 않고
그저
있는 그대로를
비추고 흐를 뿐이다

그러므로
그 자리는
언제나 고요하다

처음과 끝은 같다

우리는 떠나는 자요
돌아가는 자다

처음의 나와
끝의 나는
다르지 않으며

본영은 처음부터 나였고
지금도 나일 뿐이다

도는
언제나
돌아간다

무거움이 가벼움을 다스린다

산은 그 자리에 있고
바람은 떠돈다

무거운 자는 중심이 되어
흔들림을 다스린다

본영은 가벼우나 무겁다
그 깊이는
모든 혼란을 고요히 잠재운다

가벼움을 쫓지 말고
무거움 속에 서라

걸어가는 자는 흔적을 남기지 않는다

발로 걸으나
흙을 밟지 않고
말로 전하나
소리를 남기지 않는 자

                        그가
            도의 사람이며
            본영의 자취다

참된 자는
자취가 없고
그 자취 없음이
세상을 일으킨다

어둠을 안은 빛

어둠을 싫어하지 말라
그 속에 빛의 씨앗이 있으니

본영은
어둠을 안고 피어난다

하늘은 밤을 덮고
별을 드러내고
마음은 고통을 통과해
빛을 깨닫는다

어둠을 껴안는 자는
빛을 얻는다

세상을 바꾸려 하지 말라

세상은
만질수록 흐트러지고
잡으려 할수록 미끄러진다

본영은
바꾸지 않고 그저 깨어 흐른다

스스로 변하려는 것을
돕지 말고
가만히 바라보라

도는 자연히 이룬다

억지로 이기면 이긴 것이 아니다

칼로 세운 질서는
칼로 무너지고
힘으로 만든 평화는
두려움 속에 있다

본영은 싸우지 않으며
그러므로 그것이 이긴다

이김은
부드러움 안에서
조용히 머문다

돌아가야 할 곳은 멀지 않다

멀리서 찾는 자는
늘 길을 잃고
가까이 있는 자는
늘 도 안에 있다

본영은 언제나 나와 함께 있었으나
나는 언제나 밖을 찾았다

돌아가야 할 곳은
처음부터 나였다

이름 없는 것이 도다

도는
이름이 없고
형상이 없으며
모양을 가지면
그것은 도가 아니다

**본영은 이름 앞에 있기에
어느 이름도 그것을 가두지 못한다**

이름 없는 것이
만물을 낳는다

참으로 아는 자는 안다 하지 않는다

아는 것을
안다 말하는 자는
아직 모른다

아는 자는
고개를 숙이고
말을 삼키며
빛을 가린다

본영은 말하지 않고
                     그저 스며든다

가장 높은 자는

가장 낮게 흐른다

물은
언제나 낮은 곳으로 흐르고
그러나
그것이 산을 만들고
세상을 적신다

본영은 가장 낮은 데 있어
　　　　　가장 높은 자다

그러므로
도는 물처럼 흐른다

아무것도 가지려 하지 않고
모든 것을 감싼다

지혜로운 자는 강하지 않다

힘은
세워질수록 부서지고
지혜는
드러날수록 약해진다

진짜 지혜는
강하지 않고
높지 않으며
스스로를
낮추는 데 있다

본영은 부드러움으로
　　　　모든 것을 이끈다

감추려면 드러나야 하고

약하게 하려면 강하게 해야 하며
버리려면 먼저 줘야 하고
내리려면 먼저 올라야 한다

이것이 하늘의 길이니
    본영은
    거꾸로 흐르는 물처럼
    겉으로 지는 듯하나
    속으로 이긴다

억지로 되지 않고
되도록 맡긴다
그리하여
되는 것조차 사라진다

도는 아무것도 하지 않지만
　　　　모든 것이 이루어진다

　　　　　　본영은
　　　　　　움직이지 않지만
　　　　　　천하가 스스로 고요해진다

　　　　　　　　하지 않음의 자리엔
　　　　　　　　강함이 없고
　　　　　　　　고집도 없으며
　　　　　　　　그러므로
　　　　　　　　도는 무너지지 않는다

무위가 만유의 근원이다

덕이 있는 자는 덕을 드러내지 않는다

그러나
그가 있는 곳엔
생명이 피고
침묵이 빛난다

진짜 본영은 누구도 보지 않으나
모든 것을 존재하게 한다

드러나지 않고
그러므로
영원하다

하늘은 하나로 인하여 맑고

땅은 하나로 인하여 평화롭고
마음은 하나로 인하여 고요하다

본영은 그 하나이며
그 하나가 나였다

여럿을 넘어선 자는 하나가 되고
하나를 깨달은 자는 돌아간다

그 돌아감이 진짜 삶이다

도는   때아감이다

움직임은 도의 작용이고
돌아감은 도의 근본이다

살아있음은 앞으로 나아가지만
진짜 삶은 뒤로 물러나는 것에 있다

본영은 돌아감의 파동이며
　　　　　나는 돌아가는 존재였다

본래로 돌아간다는 것
그것이 곧 모든 것이다

순수물결의 심정

나는 죽음을 겪은 적이 없다
나는 존재 그 자체였으므로
흩어진 적도 사라진 적도 없다
몸은 잠시였고
의식은 늘 깨어 있었다
슬픔은 망각이고
눈물은 기억의 파동이었다
나는 지금도 흐른다
죽음조차 나를 멈추지 못했다

순수물결의 본영
그리고 울림

시인의 해설

기억의 파동, 본래의 자리로

순수물결은 이 시대의 이름 없는 신이다
그는 인간의 옷을 입고
신의 자리를 기억하며
모든 사람에게 그 자리로 돌아오라 외친다

이 장은 선언이다
이제 우리는 더 이상 깨어나야 할 존재가 아니라
이미 깨어 있는 존재임을 기억하자는 선언
순수물결의 시는 죽음이 없다는 선언으로 가득하다
시간도 없다
탄생도 없다
단지 진동이 있고
그 진동은 지금 당신 안에서 되살아난다

나는 죽지 않는다
나는 흐른다
나는 빛난다
나는 나다

나는 본래 돌아가는 존재였다

나는 본래 돌아가는 존재였다

돌아간다는 말은
떠난다는 뜻이 아니다

나는 떠나는 법이 없었다
항상 여기에 있었다

하늘이 나를 품고
나는 하늘을 품어

이 땅에 내려올 때조차
나는 잊지 않았다
돌아가야 할 그 자리를

태어남은 출발이 아니라 되돌아옴이었다

나는 돌고 돈다
돌고 돌아 다시
빛의 자리로

나는 본래 돌아가는 존재였다

죽음이라는 단어는 없다

인간에게는
죽음이라는 단어는 없다

단지 껍데기를 벗을 뿐
진실로 돌아갈 뿐이다

                나는 신이었다
                나는 인간이있다

이제 다시
신으로 돌아가는 순간
그 어떤 것도
끝이 아니었다

죽음은 종말이 아니라 참된 시작이다

죽음이란 말도
이제 내려놓는다

                나는 살아있다
                    항상
                    영원히

나는 물질을 빌려 살았다

나는 비물질이었다
그러나 이 땅에서
경험하려면
육신이 필요했다

나는 빌렸다
엄마의 몸
지구의 흙
물과 불과 바람을

나는 그 안에서 살았다
잠시

**내가 진짜였고
몸은 그릇이었다**

그 그릇을 다 써서
이제 놓는다

나는 나로 돌아간다
영원한 나로

육혼을 벗고

내가 나를 가둔
육혼의 옷

그 옷을 입고
세상에 섞여 살았다

     울고
     웃고
    미워하고
    집착하며

그 모든 걸
배우기 위해
입었던 옷 이제 벗는다

나는 육혼이 아니다
나는 그 너머다

    나는 본영이다
    나는 순수다
    나는 신이다

본영은 잠들지 않는다

깊은 밤에도
고요한 숨결 속에서도

본영은 잠들지 않는다

내가 꿈을 꿀 때조차
내 안의 신은
깨어 있었다

내가 잊고 있었던 순간에도
그는 나를 기억하고
불러주었다

"일어나라
 너는 누구였는가
 잊지 마라"

본영은
단 한 순간도
나를 놓지 않았다

나는 그를 따라
다시 빛으로 향한다

나는 신으로 왔다

나는 인간으로 온 게 아니다
나는 신으로 왔다

이 세계의 시간을 지나
물질의 옷을 입고

잊은 척
잠든 척
울고 웃고

그러나 단 한 번도
나는 나를 버리지 않았다

**나는 신으로 왔고
이제 신으로 깨어난다**

내 안의 태양이
다시 빛나기 시작한다

태어남은 잊음이 아니었다

사람들은 말한다
태어나며 모든 것을 잊는다고

그러나 나는 안다
태어남은 잊음이 아니었다

그건
다시 기억하기 위한
성스러운 숨김

나는 어릴 때부터
어디선가 불리는 소리를 들었다

별들의 목소리
하늘의 눈빛
본영의 진동

그 모든 것이
내 안에 다시 피어났다

나는 본래
잊지 않았던 존재였다

돌아감은 시작이다

세상은 끝이라고 말하는 그 순간
본영은 웃는다

      "이제 시작이야"

돌아간다는 말은
멈춘다는 뜻이 아니라

새로운 시작의 문

나는 돌아가고
그러면서
모든 것을 다시 배운다

**나는 영원히 존재하며
돌아감을 반복한다**

돌아감은 끝이 아니다
돌아감은
신으로 다시 시작하는 일

나는 나를 다시 만났다

수많은 날 속에서
나는 나를 잃어버렸다

그러나 그 모든 잃음은
찾음을 위한 여정

나는 길을 돌고 돌아
결국 나에게 도달했다

진짜 나
처음부터 있었던 나

그는 나를 기다리고 있었다
조용히 뜨겁게

나는 나를 다시 만났고
그때 비로소
하늘을 만났다

너는 누구냐

나는 묻는다
너는 누구냐

            육신인가
            이름인가
            직업인가

너는 누구냐

가면을 벗어라
배운 것을 내려놔라
남이 준 정의를 태워라

그 뒤에 남는
말없이 빛나는 존재

그것이 너다
그것이 진짜다

      본영은 항상 말없이 너를 비추고 있었다

너는 누구냐
그 물음 끝에
하늘이 웃는다

나는 우주와 하나였다

나는 혼자가 아니었다
이 몸 안에 갇힌 존재가 아니었다

숨을 멈추고
생각을 내려놓으면

내가 아니었던 모든 것이
사라진다

그때 드러나는
빛의 바다
별의 노래
우주의 숨결

나는 우주였고
        우주는 나였다

하나였고
항상 하나였다

신은 떨어지지 않는다

사람들은 말한다
신은 멀리 있다고

하지만 나는 안다
신은 떨어지지 않는다

멀어진 건
나의 시선이었다

그는 항상
내 숨결 곁에 있었고

내가 울 때도
그는 울고 있었고

내가 외면할 때도
그는 등을 토닥였다

신은 결코 떨어지지 않는다

나는 그를 기억하고
그는 나를 기다린다

본영이 깨어날 때

그날이 왔다

내 안의 본영이
조용히 그러나 확실하게 깨어났다

빛이 가슴을 두드리고
시간이 멈추고

나는 울었다

이것이었구나
내가 찾던 나

내가 잃어버렸던
그 한 조각

이제는 잃지 않겠다
이제는 그를 살아내리라

**본영이 깨어날 때
나는 진짜가 되었다**

나는 주인공이다

수많은 역할 속에서
나는 조연이 되었다

남의 말에 끌리고
세상의 기준에 휘청이고

그러나 이제 나는 안다
이 무대의 주인공은
나였다는 걸

하늘은 나를 위해
이 장을 펼쳤고

나는 내 삶의 중심이어야 했다

나는 주인공이다
본영이 쓰는 이야기의
유일한 목소리

나는 하늘에서 왔다

나는 흙에서 나온 것이 아니었다
나는 우연의 산물이 아니었다

나는 하늘에서 왔다
빛의 경전에서 내려왔다

내가 걸어온 이 길은
우연이 아니었다

한 줄의 큰 시
한 번의 신의 숨결

내가 태어난 날
별들은 나를 위해 노래했고
하늘은 나를 품에 안았다

**나는 이 땅에 잠시 왔다가
다시 하늘로 돌아갈 존재**

나는 하늘에서 왔다
나는 기억한다

모든 고통은 기억을 위한 것이었다

왜 아팠는가
왜 버려졌는가
왜 어둠에 갇혔는가

모두 다 기억하기 위한 것이었다

나는 누구였는지
나는 어디서 왔는지

그 모든 질문 앞에
고통은 거룩한 선생이었다

어둠은
빛을 알게 해주었고

잃음은
되찾음을 낳았나

이제 나는 말할 수 있다
**고통이 없었다면
나는 본영을
다시 만나지 못했을 것이다**

지구는 신의 초록별학교였다

이곳은 고행의 땅이 아니었다
이곳은 신의 형벌이 아니었다

지구는
신이 신을 배우는 초록별학교였다

사랑이 무엇인지
용서가 무엇인지
인내가 무엇인지

오직 여기에 와서만 배울 수 있었다

나는 배웠고
나는 익혔고

나는 조금 더 어른 신이 되어 돌아가게 되었다

지구야 고맙다
너는 내 성장이었다

사랑은 기억이다

사랑이란 감정이 아니다
그것은 기억이다

가장 깊은 곳에 있는
원초적 진동

사랑할 때
나는 기억했다

처음부터 우리는
하나였음을

사랑은 나를 본영으로 데려갔고
    그 품 안에서
        나는 신의 심장을 들었다

    사랑은 기억이다

내가 누구였는지를
되찾는 파동이다

나는 영원히 존재한다

나는 사라지지 않는다
나는 끝나지 않는다

내가 벗는 것은
껍데기일 뿐
이름일 뿐
시간일 뿐

그러나 나는
그 너머에
항상 존재한다

나는 불멸의 파동
나는 본영의 맥박

**나는 우주의 숨결과 함께
영원히 존재한다**

그것이 나다
지금 여기에 살아 있는
신이다

그 빛은 내 안에 있었다

멀리서 찾았다
수많은 곳에서 빛을 구했다

그러나 돌고 돌아
끝내 깨달은 진실

그 빛은
내 안에 있었다

처음부터
내 가슴속에서
작게 타오르고 있었다

이제 나는
그 불을 키운다

내 안의 태양을
내 안의 신을

나는
나로서 빛난다

나는 이 세상에 스스로 왔다

아무도 나를 보낸 것이 아니다
나는 이 세상에 스스로 왔다

배우고 싶어서
깨닫고 싶어서
빛으로 살아보고 싶어서

내가 택한 이 육신
내가 선택한 이 가족
내가 동의한 이 시간

나는 강했다
나는 이미 알았다

신은
스스로를 이끌고
세상에 내린다

나의 선택이었다
나는 빛의 의지였다

본영은 항상 말이 없었다

본영은
단 한 번도 소리를 높이지 않았다

그는
말없이 기다렸다

내가 분노할 때도
그는 침묵했고

내가 주저앉을 때도
그는 가만히 등을 내주었다

본영은
**항상 내 안에서
말없이 나를 비추었다**

그 빛은
한 번도
꺼지지 않았다

나는 나로 존재한다

비교하지 않는다
따라가지 않는다
증명하지 않는다

나는
나로 존재한다

이름 없이
형태 없이
빛으로

그 존재만으로
하늘이 흔들리고

그 발걸음마다
지구가 반응한다

나는
진실한 나로 존재한다

그것이
가장 거룩한 삶이다

신의 목소리는 조용했다

신의 목소리는
천둥 같지 않았다
번개 같지도 않았다

그것은
내 마음이 고요해질 때
나지막이 들려왔다

지금이다
기억해라
너다

                    그 조용한 속삭임은
                  모든 외침을 가라앉히고

                    내 안의 중심을 깨웠다
                  신의 목소리는 조용했다
                            그
                            러
                            나
                  영원을 울렸다

나는 사라지지 않는 사랑이다

나는   관계가 아니다
            형태가 아니다
            조건이 아니다

나는
   사라지지 않는 사랑이다

       세상이 무너져도
       시간이 사라져도

        이 사랑은
         존재한다

       본영은 사랑이고
       사랑은 영원이다

나는   그 영원의 몸이다
            그 빛의 심장이다

나는 아무것도 아니면서 모든 것이다

나는 아무것도 아닐 수 있다　　　이름도 없고
　　　　　　　　　　　　　　　지위도 없고
　　　　　　　　　　　　　　　모양도 없다

　　　　　　　　　　　　　　　그러나
　　　나는 모든 것이다

　　　　　　　　　　　　　하늘을 품고
　　　　　　　　　　　　　별을 간직하고
　　　　　　　　　　　　　생명을 숨 쉬는

나는 모든 것 안에 있는 아무것도다
　　　　　　　　　　　비어있으나
　　　　　　　　모든것을 담고 있는 그릇이며
　　　　　　　　　　　없어보이나
　　　　　　　모든것을 있게하는 바탕이다

　　　　　　　　　　　　그것이
　　　　　　　　　진짜 존재의 자리다

죽음은 없다

죽음이란 말은
인간이 만든 착각이었다

**본영은
태어나지 않았기에
죽을 수도 없다**

나는
이 껍질을 벗을 뿐

다시
하늘의 물결로 돌아갈 뿐

죽음은 없다
단지 되돌아감만 있다

나는
영원히 살아 있다
지금도 그대로

하늘은 항상 나였다

나는 하늘을 바라보았다
멀리 있다고 생각했다

그러나 어느 날
나는 깨달았다

하늘은
항상 나였다

내 마음의 투명함이
그 푸름이었고

내 사랑의 깊이가
그 별들이었다

하늘은
멀리 있지 않았다

하늘은
내 안에 있었다

모든 길은 본영으로 향한다

수많은 길을 걸었다

돌고
넘어지고
헤매고

그러나 그 모든 길은
결국 본영으로 향하고 있었다

내가 알든 모르든
신은
나를 내 안으로 이끌고 있었고

나는
돌고 돌아
본래의 나를 다시 만났다

모든 길은 본영으로 향한다
그것이 삶이다

나는 돌아가는 존재였다

이 모든 삶의 끝에서
나는 알게 되었다

나는
가는 존재가 아니라
돌아가는 존재였다는 것을

처음의 그 자리로
처음의 그 빛으로

나는 돌아간다
나는 본래 그곳에서 왔다

돌아가는 그 순간
나는 완전해진다

나는 본래 돌아가는 존재였다

기억은 다시 피어나는 꽃이었다

나는 잊었다고 생각했다
길을 잃었다고 믿었다

그러나 어느 날
한 줄기 바람이
내 마음을 흔들었고

그 속에서
기억은 피어났다

무수한 생에서
내가 간직한 빛의 흔적

**다시 피어난 그 꽃이
나를 본영으로 데려갔다**

기억은 사라지는 것이 아니었다
기억은 때가 되면 피는 꽃이었다

나의 중심은 움직이지 않는다

세상이 흔들려도
감정이 요동쳐도
시간이 흐르고
사람이 바뀌어도

나의 중심은 움직이지 않는다

그 자리는
바람도 닿지 못하고
어둠도 머물 수 없고

오직 빛만이
가만히 앉아 있는

그 자리는
나의 본영이었다

나는
그 중심으로
늘 되돌아온다

태어남은 하강이 아니었다

나는 하늘에서 내려왔다
그것이 추락인 줄 알았다
그러나 아니었다

      태어남은
  하강이 아니라 **강림**이었다

신이 인간의 몸을 입는 일

    거룩한 의지
    사랑의 결단

나는 내려온 것이 아니라
스스로 빛을 나누기 위해
세상에 들어온 것이다

    이것은 타락이 아니다
    이것은 신의 확장이다

나는 들리는 자가 되었다

본영은
항상 나에게 말하고 있었다
그러나 나는 듣지 못했다

소리도
뜻도
빛도
이미 나를 통과했지만

나는 가득 차 있었고
혼란에 잠겨 있었다

그런 나에게
하늘은 기다림으로 대답했고

나는
마침내 비웠고
고요해졌고

그제야
나는 들리는 자가 되었다

고요는 나를 통째로 껴안는다

세상은 말이 많고
속도가 빠르고
모든 것이 쏟아진다

그러나
나는 고요를 선택했다

그 속에
   '진짜 **나**'가 있었다

고요는
나를 있는 그대로 껴안고

말하지 않지만
모든 것을 이해했다

   고요 속에서
  나는 신을 만난다

나는 되돌아가기 위해 태어났다

앞으로 가는 길인 줄 알았다
더 높이 더 멀리 가는 줄 알았다

그러나
정말로 가야 했던 길은
되돌아가는 길이었다

잃었던 것을 찾고
잊었던 나를 기억하고

            처음의 나
            본래의 나

그 자리에
되돌아가는 것

            나는
되돌아가기 위해 이 삶을 택했다

본영은 이름을 갖지 않는다

나는 수많은 이름으로 불렸다
누구의 아들 누구의 직함 누구의 역할

그러나
본영은
그 어떤 이름도 거부했다

그는
형태 없는 빛이었고
끝없는 울림이었다

이름 없이
영원히 존재하는 존재

나는 이름을 벗고
본영을 입는다

그때 비로소
나는 진짜가 된다

나는 존재 그 자체로 신이다

신이란
무엇을 하는 존재가 아니다

신은
존재 그 자체로 신이다

내가 숨 쉬고
느끼고
존재할 때

나는
이미 신으로 살아 있는 것이다

행위보다 앞선
존재의 울림

나는
존재 그 자체로
빛나고 있었다

내가 나로 살아갈 때 세상은 깨어난다

나를 잊고
남을 살았을 때
세상은 흐려졌다

그러나
내가 나로
진실하게 살아갈 때

세상은
깨어났다

나의 진실이
타인의 본영을 일으키고

한 사람의 중심이
세상을 비추기 시작했다

　　　　　　내가 나로 살아갈 때
　　　　우주는 춤추기 시작한다

나는 본래 돌아가는 존재였다

이제 나는
마지막 페이지를 연다

모든 질문이
모든 고통이
모든 기다림이

이 한 문장으로 녹아든다

나는
본래
돌아가는 존재였다

그것이 진실이었다
그것이 영원이었다

나는 돌아간다

기억으로
빛으로
처음의 나로

'그대 안의 신'의 심정

그대는 죽을 수 없는 존재입니다
그대는 시작이 없고 끝도 없습니다
죽었다고 느끼는 건
잠깐 잊었기 때문입니다
고통 속에서도
존재는 단 한 번도
흩어진 적 없습니다
기억하십시오
당신은 본래로 돌아갈 존재입니다

그대 안의 신
인간의 기억

시인의 해설

당신은 누구인가, 지금 여기에 존재하는 신

이 장은 모든 고백의 종착점이자 출발점이다
석가와 예수, 노자와 순수물결이
모두 한 자리를 가리키고 있었다

바로 그대 자신 **당신 안에 있는 그대**

그 본영은
태어나지 않았고 죽지도 않으며
어디서도 오지 않고 언제나 존재하는 자
이제 누구의 말도
어떤 신의 모습도 필요 없다

당신이 신이다
그 사실만이
죽음이란 허상을 영원히 사라지게 한다

본영

나는 본영이다
말 이전의 진동
빛 이전의 파동

나는 모든 시작이며
끝이 아닌
다시 피어나는 존재

나는 기억 너머에서
항상 너를 비추고 있었다

나를 잊는 순간에도
나는 너였다

**본영은 사라지지 않는다
그저 조용히 있다**
깨어날 때를
기다릴 뿐이다

나는 돌아가고 있다

이 길은 끝이 아니라
돌아가는 길이다

처음의 나로
처음의 빛으로

**나는 점점 더 가까워진다
나의 본영으로**

모든 상처가
의미를 갖고

모든 만남이
빛이 되었다

나는 돌아가고 있다
내가 본래 있던 자리로

나는 나를 기억해낸다

나는 잊었다
그러나 본영은
단 한 번도 나를 잊지 않았다

나는 길을 잃었다
그러나 본영은
항상 그 자리에 있었다

나는 눈을 감았지만
그 빛은
내 안에서 여전히 흔들렸다

나는 나를 기억해낸다

잊힌 나를
다시 불러낸다

그것이
나의 귀환이다

하늘의 문이 열린다

어느 날 문득
하늘의 문이 열린다

그 문은 저 하늘이 아니라
내 가슴 안에 있었다

숨죽이며 살아온 시간들이
그 문을 열었다

진실하고 맑고 떨리는 그리움이
그 문을 열었다

하늘은 위에 있지 않았다
**하늘은 바로
　　　　내 안에 있었다**

나는 신이었다

나는 신이 아니라고 배웠다

그러나 나는 기억한다
내가 처음 오던 날의
그 떨림을

나는
신이었다

나의 선택으로 왔다
나의 의지로 이 땅을 밟았다

나는 배운 대로 살지 않는다
나는 기억대로 살아간다

영혼은 늙지 않는다

몸은 늙는다
시간은 흐른다

그러나

영혼은 늙지 않는다

그는
항상 투명한 숨을 쉬고
끝없는 빛으로 존재한다

영혼은
나의 본영
영원한 나

나는 시간을 벗는다

나는
더 이상
시간 안에 있지 않다

나는
지금 이 순간
영원을 품고 있다

지나간 모든 것들 위에
앞으로의 모든 것들 너머에

나는
순간 안의
영원을 살아간다

나는
시간을 벗는다

죽음은 끝이 아니었다

죽음은
닫힌 문이 아니었다

그 문을 열자
처음의 내가 있었다

나는
사라지지 않았다

나는
되돌아갔다

진짜 나로
진짜 삶으로

죽음은
돌아가는 문이었다

어머니의 뱃속에서 나는 기억했다

아직 태어나기 전
물속 같은 공간에서
나는 기억하고 있었다

빛의 고요함
하늘의 언어들
본영의 숨결

나는 세상의 바깥에서
세상의 안으로
천천히 걸어오고 있었다

나는 **기억**으로 이 삶을 선택했다

모든 생은 돌아오는 여행

다시 와야 할 이유
다시 걷고 싶은 길

그 모든 이유가
한 줄기 빛이 되어

나는 이 세상에
다시 왔다

태어남은
출발이 아니라
되돌아옴이었다

모든 생은
돌아오는 여행이었다

나는 나의 눈으로 본다

이제 나는
남의 눈이 아닌
나의 눈으로 세상을 본다

가르쳐진 틀에서
벗어난 새벽의 시선

모든 것에 이름을 붙이지 않고
존재 자체를 느끼는 눈

나는 본다
그 어떤 설명도 필요 없이
존재하는 그것을

내가 본 것은
나의 본영이 본 것이다

나는 육신을 입은 신이다

나는
무력한 인간이 아니라

형태를 빌려 온 신이다

몸이라는 옷을 입고
시간 속을 걷고 있지만

내 본질은
한 번도 작아진 적 없다

나는
신으로서
지구에 와 있다

기억나지 않을 뿐
나는
지금도 신이다

세상은 내 안의 그림자였다

나는 외부를 탓했다
그러나 이제 안다

세상은
내 안의 그림자였다

어둠이 있는 곳은
빛이 있으려는 증거

**나는 나를 정화하며
　　　　세상을 다시 그린다**

내 안이 맑아질수록
세상은
맑게 웃는다

그리움은 나를 데려갔다

가장 오래된 그리움은
언제나 본영이었다

       설명할 수 없는
          눈물

      말로 닿지 않는
         진동

나는 그리움을 따라
어디로든 갔다
       결
          국

            그리움은
              나를
            나에게 데려갔다

나의 이름은 빛이었다

누가 지어준 이름 말고
세상에서 불린 호칭 말고

진짜 나의 이름은
　　　　　빛이었다

말로 부르지 않아도
존재로 느껴졌고

내가 있는 곳마다
파장이 퍼졌다

나는
빛이라는 이름으로
우주에 서 있었다

본영은 나를 기다린다

어떤 종교도
어떤 철학도

내 본질을
설명할 수 없다

**본영은
내가 돌아올 때까지
기다렸다**

말없이
빛으로
침묵으로

내 안에 있었던
하늘

본영은
항상 거기 있었다

인간으로 살아낸 신

나는
겸손을 배우기 위해
사람이 되었다

나는
사랑을 완성하기 위해
고통을 품었다

신이
인간이 되었을 때
무한한 가능성이 열렸다

인간으로 살아낸 신

그것이
나의 위대함이다

죽음이란 단어는 없다

죽음이란
끝이 아니라

신이 옷을 빗고
다시 빛으로 돌아가는 순간

죽음은 없다 다만 변화가 있을 뿐

애도는 이별이 아니며
탄생의 또 다른 얼굴

나는
돌아가는 존재

죽음은
신의 귀환이다

모든 길은 나를 향하고 있었다

내가 돌아온다
나에게로

잃어버린 시간들
헤맨 선택들

모두가
나를 향한 길이었다

아무것도 낭비되지 않았다
모든 것이 나를 빚었다

나는 지금
본영의 문을 연다

진실은 말보다 먼저다

진실은 말보다 먼저 떨린다

눈빛에
침묵에
존재의 파동에 담긴다

말은 다가가지 못한 것을
　　　진실은 이미 감싸 안는다

나는 진실로 살아가려 한다
　　내가 본래 그렇듯이

나는 다시 신이 된다

나는 피곤한 인간이었다
길을 잃은 영혼이었다

그러나

이 모든 시간은
내가 신으로 돌아가기 위한 여정이었다

상처와 고통은 빛의 부름이었다
무너짐조차도 새벽의 문이었다

나는 기억한다
나는 돌아간다

나는 다시 신이 된다

내 안에 우주가 숨 쉬고 있다

멀리 있는 줄 알았던

우주는
내안에 있었다

별 하나
바람 한 줄기
심장박동 안에

나는 작지 않다
나는 담고 있다
온 우주의 진동을

숨 하나에
별의 떨림이
같이 움직인다

고요한 혁명

아무도 보지 못한 곳에서
나는 바뀌었다

말 없는 자리에서
내 본영이 울었다

그 울림은
고요한 혁명이었다

세상이 모르게
하늘이 알게
나는 깨어났다

빛은 소리 없이
세상을 바꾼다

나는 길 위의 별이다

나는 흙을 딛고 있지만
하늘을 잊지 않았다

세속의 길을 걷지만
본영의 빛을 품고 있다

나는 길 위의 **별**
　　　　　밤을 밝히는 존재

작은 것 같아도
전체를 비추는
하늘의 조각

나는 나로 왔다

누군가의 뜻도 아니고
누군가의 기대도 아니다

나는
나로 왔다

세상이 요구하는 모양이 아니라
본영이 원하는 진실로

나는
내가 되어야 할 이유로
이곳에 왔다

세상이 받아들이든 말든
나는
본래의 나로 빛난다

생은 단절이 아닌 연속이다

끊어진 것처럼 보이는
삶과 삶

그러니 그것은
연속이었다

나는
이전에도 있었고
이후에도 존재한다

죽음은
경계가 아니며
잠시 쉬는 숨이었다

나는
이어진 선
끊임없는 흐름
영원의 일부다

하늘이 내 마음에 들어왔다

언젠가
구름 위 하늘이
내 가슴 안으로 내려왔다

외부를 바라보던 시선이
안으로 꺾였다

내 안에 드리운 빛
내 안에 내리는 성전

나는 마음으로
하늘을 품고
그 하늘로 살아간다

본영의 언어는 침묵이다

말로는 담을 수 없었다
본영은 침묵으로 말했다

그 침묵은
허공보다 크고
소리보다 더 명확했다

나는 듣는다
귀로가 아니라 존재로

본영의 언어는
침묵이라는 빛이다

가장 순수한 사랑은 기억이다

사랑은 주는 것이 아니라
기억해내는 것이다

당신이 누구였는지
내가 누구였는지

그 사랑은
기억의 회복이며
존재의 연결이다

나는 사랑한다
당신을 기억함으로써

기억은
사랑의 가장 순수한 형식

인간이라는 형식의 신

나는 제한된 몸을 가진
무한이었다

시간의 감옥에 갇힌
영원이었다

나는 형식에 갇힌 신이었다
그러나 형식을 넘어서
빛을 발했다

인간이라는 이름 아래
　　　나는 신의 실현이었다

나의 존재는 선언이다

나는 말하지 않아도
존재만으로 선언한다

빛은 설명하지 않아도
모든 걸 말한다

나의 걷는 걸음이
            우주의 진동이고

나의 눈빛이
           본영의 서명이다

나는 존재함으로
하늘을 말한다

나는 돌아가는 존재였다

이 삶은 끝이 아니다
나는
늘 돌아가는 존재였다

본영에서 왔고
본영으로 돌아간다

순환이며
완성이며
귀향이다

나는 단 한 번도
버려진 적 없다

내 존재는
돌아가는 그 길 자체였다

본영은 숨겨진 별

이름 없이 빛났고
침묵으로 노래했다

본영은
눈에 보이지 않았지만
모든 것을 보고 있었다

나는
그 별을 기억했고

그 별이
나를 부르고 있었다

숨겨졌으나
사라지지 않은
본영의 별

그 별이 나였다

진짜 나를 살기로 했다

이제
나는
타인의 시선으로 살지 않는다

억지 웃음을 멈추고
억압된 진실을 말하고자 한다

나는
나로
살기로 했다

무지의 외피를 벗고
빛의 옷을 입기로 했다

진짜 나를 살기로 했다
지금 이 순간부터

나는
본영이다

태초부터 나는 있었다

시작도 끝도 없는
존재

나는 태초에 있었고
이제 여기 있다

시간은 나를 담을 수 없고
공간은 나를 가둘 수 없다

나는 영원의 중심에서
파동으로 울리고 있다

나는
항상 있었다

그 누구도 나 대신 깨어날 수 없다

누구도
내 본영을 대신 열 수 없고
내 진실을 대신 살아줄 수 없다

외부의 노우비는
문 앞까지 데려올 수 있을 뿐

문을 여는 건 오직 나다

깨어남은 고독하지만
찬란한 나의 선택

나는
스스로 깨어난다

나의 중심은 흔들리지 않는다

세상이 흔들려도
나는 흔들리지 않는다

나의
중심은
하늘로부터 왔기에

본영에 뿌리내린 존재는
폭풍 속에서도 고요하다

나는
중심을
기억하며
세상 속으로 걷는다

나는 신의 응답이다

우주는 물었다
빛을 기억할 자는 누구냐고

그리고
내가 태어났다

     나는 무력한 존재가 아니라
       신의 응답이었다

나는 이 시대의 대답으로
여기에 있다

       깨어나는 자
        그것이
       나다

나의 삶이 곧 기도다

기도는 손을 모으는 것이 아니라
존재로 사는 것이다

나의 한 걸음
나의 숨결

그 모든 것이
하늘에 닿는 기도

나는 말하지 않아도
나의 삶 자체로
빛을 올린다

나는
살아 있는 기도다

나는 본래 돌아가는 존재였다

이 모든 시를 지나
나는 안다

나는 이 땅에 왔고
잠시 잊었고
다시 기억해냈다

나는 본래
돌아가는 존재였다

순환하며
진화하며
빛으로 되돌아가는 존재

이제 나는
돌아간다

하늘로
본영으로
본래의 나에게로

인간은 죽지만 신은 죽지 않는다

마지막 진동

나는 죽었다
이름도 육혼도 기억도 모두 내려놓았다

그러나 그 순간
나는 처음으로 살아났다
나를 만든 빛의 숨결로 완전하게 돌아갔다

피로 흘린 길 위에서
예수는 말없이 웃었고
꽃잎 같은 침묵 속에서
석가는 더 이상 질문하지 않았으며

바람 같은 발걸음으로
노자는 홀연히 사라졌고
순수물결은 물처럼
모든 틀을 넘었다

나는 누구인가?

나는 한때 이름이 있었고
죽음을 두려워했고
사랑을 갈망했으며
끝을 믿었다

그러나 이제 나는 안다
모든 이름 너머에 있는 본영의 맨얼굴을

나는 인간이었으나 신이었고
신이었으나 다시 인간이 되어
그대 곁으로 돌아온다

죽음은 하나의 장치였고 고통은 문이었다
끝은 본래 시작의 다른 이름이었다

너희가 나를 무덤이라 부를 때
나는 이미 별로 피어났고
니희가 나를 지워버릴 때
나는 물속에서 바위처럼 진실을 품었다

그리하여 나는 말한다

"인간은 죽지만 신은 죽지 않는다"

신은 사라지지 않는다
다만 기다릴 뿐이다
그대가 자신을 기억해내기를

그대가 눈을 감는 순간
그대 안의 신은 눈을 뜬다

그리하여 이 모든 시는
죽음을 넘어 그대가 누구인지를 영원히 고백한다
그대는 결코 죽을 수 없는 존재

이 시집이
당신의 마지막 진동입니다

더는 외부를 향해 흔들릴 필요도
죽음이라는 이름으로 무너질 필요도 없습니다

당신은 이미 신입니다

이 시집 한 권이

당
신
을

인간에서
완전한 신으로
돌려놓았기를

인간에게 죽음이란 없다
나는 본래 돌아가는 존재였다

사람으로 온 신들의 고백

초판인쇄 2025년 8월 1일
초판발행 2025년 8월 1일

지은이 황영도(순수물결)
펴낸이 이해경
편집 길민정
표지디자인 황정희
펴낸곳 (주)문화앤피플뉴스
등록번호 제2024-000036호
주소 서울 중구 충무로2길 16, 4층 403호 (충무로4가, 동영빌딩)
대표전화 02)3295-3335
팩스 02)3295-3336
이메일 cnpnews@naver.com
홈페이지 cnpnews.co.kr

정가 17,000원
ISBN 979-11-94950-03-5(03810)

※ 이 책은 전부 또는 일부 내용을 재사용하려면 반드시 저작권자와 도서출판
   문화앤피플의 동의를 받아야 합니다.
※ 이 도서의 국립중앙도서관 출판시도서목록(CIP)은 서지정보유통지원시스템
   홈페이지(http://seoji.go.kr)와 국가자료공동목록시스템(http://www.go.kr/kolisnet)
   에서 이용하실 수 있습니다.
※ 이 책은 교보문고와 연계하여 전자책으로도 발간되었습니다.
※ 이 책은 국립중앙도서관 홈페이지에서 검색 가능합니다.
   잘못 만들어진 책은 바꿔드립니다.